AF257559

UN ÉPISODE

DE LA VIE

DU Dʳ CLARAZ

MÉDECIN A LANSLEBOURG

(SAVOIE)

NOTES PARTICULIÈRES ET INÉDITES

SUR LA

TRANSLATION DE PIE VII

DE SAVONE A FONTAINEBLEAU

CHAMBÉRY

IMPRIMERIE A. POUCHET, PLACE SAINT-LÉGER, 13.

(Moteur à vapeur.)

1869

UN ÉPISODE

DE LA VIE

DU DR CLARAZ

Médecin à Lanslebourg

(SAVOIE)

AVANT-PROPOS

L'Académie impériale de Savoie, dans ses Mémoires
(seconde série, t. IX) et la Revue des Deux-Mondes
(livraison du 15 *avril* 1869) *ont publié quelques détails
inédits sur la translation du Pape Pie VII de Savone
à Fontainebleau et sur sa captivité. Les* Mémoires *du
cardinal Pacca et* l'Histoire de Pie VII *par Artaud
ne font aucune mention de ces particularités.*

*Les notes publiées par l'Académie font partie des
éléments d'un* Répertoire biographique des Médecins de
la Savoie, *que rassemble depuis quelques années son
président, l'honorable Dr Guilland. L'Académie, en
les analysant, les proclame « une des pages les plus
belles et les plus touchantes de la profession médicale
en Savoie. »*

*Ce sont ces notes, complétées par leur auteur, que nous
publions aujourd'hui. Il nous a paru qu'en pareille
matière c'est un devoir de livrer à l'histoire les
faits présentés sous leur véritable jour par les person-
nages qui se sont trouvés momentanément en scène.*

NOTES PARTICULIÈRES ET INÉDITES

SUR LA

TRANSLATION DE PIE VII

DE SAVONE A FONTAINEBLEAU

> *Quæ nihil videre, nemini credibilia*
> *sunt.*   SALLUST., c. 5, 13.
>
> Evénements incroyables pour ceux qui
> n'en n'ont pas été témoins.

Au nombre des événements extraordinaires des persécutions subies par Pie VII, il faut comprendre son enlèvement violent à Savone, le 9 juin 1812, vers les 7 heures du soir. On lui signifia l'ordre de son départ et on l'enleva à 10 heures. On le fit monter à la hâte en chaise de poste, n'ayant avec lui que son médecin ordinaire, le comte Porta.

Le colonel de gendarmerie et quelques officiers de garde avaient été choisis pour cet enlèvement et pour être les geôliers de Sa Sainteté; ils réunissaient au plus haut degré toutes les qualités propres à cet emploi.

Le Saint-Père, enfermé à clef dans cette voiture, voyagea de la sorte jusqu'à Stupinis, près de Turin (Piémont) ; là, il fut permis à Monseigneur Bertolozzi de monter à ses côtés ; mais, arrivé au Mont-Cenis, ce prélat dut céder sa place à M. le docteur Claraz, de la province de Maurienne, qu'on se hâta d'appeler auprès de Sa Sainteté pour lui donner des soins, car elle se trouvait gravement malade.

M. le docteur Porta n'avait pu suivre le Saint-Père depuis Tortone, où, très malade lui-même, il avait été obligé de s'arrêter.

Dom Gabet, ex-abbé de Tamié, se trouvait, à cette époque, directeur de la Maison hospitalière du Mont-Cenis. Le Saint-Père et son escorte y arrivèrent au milieu de la nuit du 11 juin; S. S. était très souffrante d'atroces douleurs occasionnées par la course aussi longue que rapide qu'elle venait de faire dans les heures les plus brûlantes de la journée.

Depuis longtemps déjà Pie VII était affligé d'une cruelle infirmité, à laquelle était contraire toute espèce de fatigue, surtout celle des voyages; il fut si malade en arrivant dans cette maison hospitalière, qu'il ne dut la conservation de son existence qu'à une protection spéciale du ciel et aux soins précieux de M. le docteur Claraz. Celui-ci le trouva dans un état alarmant et en fit son rapport au colonel Lagorse, en lui déclarant qu'il fallait de toute nécessité suspendre ce voyage; qu'il y allait de la vie de Sa

Sainteté. Cette prescription contraria extrêmement le chef de cette escorte; il s'en exprima même en termes peu mesurés et en avertit aussitôt le gouvernement à Turin, par voie télégraphique, mais il lui fut répondu qu'il devait suivre les ordres de Paris.

M. le docteur Claraz crut alors devoir protester de la manière la plus énergique contre cet ordre inhumain, en prononçant ces paroles que les échos de cet hospice ont longtemps répétées : « Monsieur « le colonel, si le conseil que je viens d'avoir l'hon- « neur de vous donner n'est pas suivi, si le Saint-Père « est obligé de faire un pas de plus hors d'ici, ce sera « plus que de la violence à son égard, ce sera de « la barbarie; il n'y résistera pas et il succombera « infailliblement; je l'atteste sur ma foi et mon « honneur, comme homme et comme médecin. « Vous vous exposez à ne traîner qu'un cadavre à « Paris et vous assumez sur vous la plus grande « responsabilité. »

Ce langage, tenu avec toute la fermeté et la sûreté de conscience d'un praticien très expérimenté, jeta la perturbation dans l'esprit du chef d'escorte et de son assistance. On se concerta un moment; après quoi, il fut décidé que le voyage serait interrompu.

A l'instant même, des ordres furent donnés pour interdire, pendant quelques heures, la traversée du Mont-Cenis à tous les voyageurs, et M. le docteur

Claraz, qui venait en quelque sorte d'exposer sa
sûreté en répondant de la vie du Saint-Père par cet
acte de fermeté, fut déclaré prisonnier et tenu sous
la plus étroite surveillance. On ne lui laissa pas
même la liberté d'écrire à sa famille; ce ne fut
qu'au bout de quelques jours que l'abbé dom Gabet
écrivit qu'il était parti pour Fontainebleau avec le
Souverain Pontife.

Le cardinal Pacca, instruit plus tard de cette
belle et courageuse conduite en traversant Lanslebourg le 8 février 1814, s'y arrêta pour lui en
exprimer ses félicitations et ses éloges. Son Emi-
nence en fait mention dans ses *Mémoires,* ainsi que
des soins empressés qu'elle en reçut elle-même
pour sa propre personne, s'étant fracturé un bras
par suite d'une chute de sa voiture à la descente du
Mont-Cenis.

L'état du Saint-Père était si grave, que son médecin en éprouvait de très vives inquiétudes; la
maladie avait pris un caractère des plus sérieux;
l'inflammation dont il souffrait s'était compliquée
d'autres accidents non moins inquiétants, mais M. le
docteur Claraz ne consultant que sa foi bien vive et
s'appuyant bien plus encore sur les secours d'en
haut que sur sa vieille expérience, fit tout aussitôt
administrer le Saint-Père; le saint viatique lui fut
donné par son aumônier, en présence de tous les
religieux réunis.

Après vingt-quatre heures de repos et d'une habile médication, le Saint-Père put reprendre son voyage, couché dans sa voiture, ayant à ses côtés son médecin seul; il arriva à Fontainebleau, le 20 juin, à minuit, après quatre jours et quatre nuits sans désemparer.

Pendant tout ce temps-là les deux portières se trouvaient fermées à clef; les persiennes du côté du Saint-Père avaient été exactement clouées, et qui plus est, on obligeait souvent d'abaisser les stores.

Le Souverain Pontife et son pieux compagnon se trouvaient donc ainsi enfermés dans une voiture étroite, et souvent tourmentés par une chaleur et une poussière affreuses. La barbarie était poussée si loin et les mesures de sûreté tellement prises, tellement sévères, de peur d'un enlèvement du Saint-Père, qu'il ne fut jamais permis, pendant ce long trajet, de descendre un instant de voiture, et, lorsque son service l'exigeait, ou que son escorte, le soir, prenait un rapide repas, on s'arrêtait dans les lieux les moins populeux et on faisait entrer sa voiture dans la remise de la poste, dont on fermait la porte avec beaucoup de soin. Les cahots de la voiture se trouvaient souvent si violents, qu'ils arrachaient au vénéré Pontife des cris de douleur; il joignait ses mains saintes et disait : mon Dieu ! mon Dieu que je souffre! pardonnez-leur.

Son médecin, dans ces moments, redoublait de soins et empêchait souvent que sa tête ne heurtât contre la voiture.

C'est ainsi que l'illustre captif arriva à Fontainebleau, dans un état semblable à celui où il s'était
trouvé sur le Mont-Cenis, de manière à faire de nou-
veau craindre pour ses jours.

Pendant plusieurs semaines après son arrivée,
on le vit gisant sur son lit de douleur ; la rapidité
de ce voyage, que le duc de Rovigo, dans ses *Mémoires*, a comparée à celle d'*un trait*, avait tellement
exténué ses forces, qu'on aurait dit que ses geôliers
avaient agi de la sorte pour l'exténuer, pour
affaiblir son esprit, éteindre son énergie et parve-
nir à lasser son héroïque patience.

Il reçut la visite de MM. de Champagny et Bigot de
Préameneu, ministres de l'empereur, et de quelques cardinaux qui se trouvaient à Paris.

Le gouvernement a allégué pour prétexte de
cette translation si rapide du Souverain Pontife, la
crainte que les Anglais, qui avaient des émissaires
partout et qui croisaient dans la Méditerranée, ne
voulussent tenter une descente sur Savone et
n'envoyassent soulever, surtout en Savoie, les
populations pour s'emparer de Sa Sainteté et la
rendre à la liberté.

Pendant toute sa détention, le Saint-Père ne
voulut jamais sortir de son appartement ; il s'y
promenait pendant sa convalescence, demandant
souvent à s'appuyer sur le bras de son médecin,
M. le docteur Claraz.

Il n'a jamais voulu dire ni entendre la messe dans

la chapelle du château; il constatait par-là, d'une manière manifeste, la captivité dans laquelle il gémissait, surtout après que défense lui avait été faite de communiquer avec les habitants de cette ville, alors peuplée de 9,000 habitants. Un autel avait été dressé dans son appartement particulier, sous un dais de damas vert; c'était là qu'il célébrait les saints mystères ou les faisait célébrer par son aumônier; il portait au doigt le même anneau qu'avait, au moment de sa mort, à Valence, le pape Pie VI, anneau donné par la reine Clotilde.

Il avait demandé à être entouré de quelques cardinaux de son choix; mais, par exception, on ne lui permit d'en voir que deux ou trois.

Le général comte de Saint-Sulpice était alors gouverneur du château, et le colonel Lagorse exerçait les fonctions de geôlier de Sa Sainteté; il était natif de Brives, petite ville du Limousin; religieux doctrinaire, il quitta le froc pendant la révolution pour prendre l'épée; il était parvenu au grade de colonel de gendarmerie.

Pendant son séjour à Fontainebleau, il poursuivait devant les tribunaux un arrêt de divorce pour convoler à un second mariage avec la fille du maire, qu'il épousa en effet plus tard. Ses formes étaient très dures; il ne pouvait dissimuler ses principes irréligieux et ses antipathies ou plutôt sa rage contre les ecclésiastiques. On a droit, après cela, d'être surpris que M. Alphonse de Beauchamp, auteur de l'*Histoire de la Vendée,* en ait fait quelque part un homme lige des grands principes de la charité.

Les cardinaux auxquels il était permis d'entourer le Saint-Père, s'étaient partagé auprès de lui les heures de la journée, pour lui tenir compagnie et le distraire de la profonde mélancolie dans laquelle il était plongé. Il dînait seul, mais assisté de son aumônier et de son médecin. Les cardinaux, quelques évêques, l'aumônier et le médecin étaient ensuite servis ; ils étaient privés du plaisir de pouvoir faire diversion à leurs pénibles préoccupations, car ils étaient entourés des serviteurs du gouvernement ; ils devaient, avant d'ouvrir la bouche, peser chaque parole, avec d'autant plus de soin, qu'ils avaient à leur table l'officier de garde, le colonel Lagorse.

La précipitation avec laquelle se fit l'enlèvement du Saint-Père à Savone ne laissa pas le temps à son valet de chambre Hilaire Palmieri de lui composer un trousseau, à l'exception de quelques linges de corps. A cette occasion, comme le Saint-Père changeait de linge à l'hospice du Mont-Cenis, un riche chapelet s'échappa d'une chemise que déployait le docteur Claraz. Sa Sainteté en s'en apercevant, et avec un doux sourire sur les lèvres, bien que très souffrante, lui dit : « C'est là aujourd'hui, Monsieur « le docteur, toute ma richesse ; je suis apostoli- « quement sans pain, ni argent, ni deux tuniques ;

« n'est-ce pas cela ? Vous, que le très bon abbé de
« cette Maison vient de me donner pour médecin
« et pour compagnon de voyage, en ajoutant que
« vous étiez un bon chrétien de ce pays, acceptez
« ce souvenir que je bénis et vous aussi, afin que
« le Ciel vous comble de ses dons avec votre fa-
« mille. »

A cette insigne faveur, il faut ajouter celle
d'une belle médaille en or, ornée du portrait de Sa
Sainteté, qui lui fut adressée de Rome; elle était
accompagnée d'un diplôme de médecin honoraire
du Saint-Père et de la Cour de Rome. Ce titre ho-
norifique lui a été continué jusqu'à sa mort par les
souverains Pontifes qui ont succédé à Pie VII.

Parmi les objets précieux que la famille Claraz
conserve des bontés de Pie VII, se trouvent les
feuilles desséchées d'une rose que, pendant son
voyage, le Saint-Père avait tenue longtemps dans
ses mains en en aspirant le parfum.

Lorsque le docteur Claraz, prenant congé de Sa
Sainteté à Fontainebleau, se jeta à ses pieds pour
recevoir sa bénédiction, Pie VII le releva, lui di-
sant qu'il le voulait dans ses bras et sur son cœur.
Et lorsqu'il se rendit à Rome en 1817, il y fut de
même comblé des témoignages les plus touchants
de cette souveraine fraternité.

La gratitude du Saint-Père eût voulu s'étendre à
la famille de son médecin. Celui à qui nous de-
vons ces notes a été décoré lui-même de l'Ordre

pontifical de Saint-Sylvestre. Selon les désirs souvent exprimés par Sa Sainteté, il devait être élevé à Rome dans les écoles Pies, mais la Providence en a décidé autrement.

Le docteur Claraz mourut dans son pays natal, le 5 juillet 1839, universellement regretté, après y avoir exercé, pendant cinquante-cinq ans, sa profession avec succès et distinction. Il avait été le condisciple de son compatriote Fodéré.

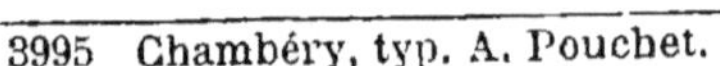

3995 Chambéry, typ. A. Pouchet.